Montando Burbujas

Un cuento para la relajación

Por Lori Lite

Ilustrado por Max Stasuyk

¡Felicitaciones!

Vas a leer un cuento llamado "Montando Burbujas."
Es entretenido imaginar que tú eres la niña/ el niño del
mar o que tú eres la tortuga mientras visualizas
los colores del arco iris. ¡Date cuenta de cómo
se sienten los colores!

Una niña del mar recién había terminado un día muy largo. Ella se levantó muy temprano para ir al colegio y trabajó muy duro para aprender nuevas cosas Asistió a clases de natación y jugó con sus amigos. Cada día era muy concurrido y ella se sentía muy cansada y tensa.

Estaba muy orgullosa de lo que había realizado durante el día y decidió jugar su juego favorito. Ella estaba segura de ser la única en todo el océano que sabía jugar su juego, ya que había creado un juego que se llamaba Montando Burbujas.

Ella chasqueó su cola fuerte y nadó hasta el borde del coral. Este es el lugar donde encontraría un canalón, en el fondo del mar. En cuanto ella nadaba más cerca al canalón, ella podía sentir el agua calentarse.

Podía ver unas burbujas levantándose a través de la arena y moviéndose hacia adelante y hacia atrás entre la corriente. Las burbujas significaban que ella había encontrado su canalón. La niña del mar se sentó muy quieta y se centró en las burbujas. Sabía que si ella tenía paciencia, una burbuja suficientemente grande como para montar vendría a su camino.

Después de unos pocos segundos, una burbuja grande emergió del canalón. Ella abrazó la burbuja y sintió la burbuja envolverse a su alrededor como un par de brazos. La niña del mar de repente se encontró suspendida dentro de la burbuja, cálida y segura.

Una tortuga marina, que era muy curiosa y quería saber qué hacia la niña del mar, también decidió montar una burbuja. Abrazó la siguiente burbuja grande y suave y sintió la burbuja envolverse a su alrededor. La tortuga se sintió calentita y segura.

A la niña del mar y a la tortuga les encantaba la sensación de estar flotando
dentro de sus burbujas en el agua tibia que salía del canalón. Las burbujas
les llevaron cada vez más y más alto en dirección a la luz del sol.

La niña del mar se dio cuenta de un arco iris muy bello que se estiraba desde el cielo, a través del océano y hasta el fondo del coral debajo de ella. Ella cerró sus ojos e imaginó que los colores del arco iris que llenaban el océano, también podrían llenar su burbuja.

El color rojo tocó el borde de la burbuja que pertenecía a la niña del mar y se vació adentro del espacio alrededor de ella. Ella imaginó que el color rojo fluía hacia su cola, dejándola sentirse vigorosa y sana. El color rojo se movió lentamente, calentando el estómago y pecho de la niña del mar.

Se vació hacia sus brazos... chorreando hacia las puntas de sus dedos. El rojo exploró su cuello y cara y giró entorno a su cabeza dejando a su mente tranquila y quieta.

Ella estaba flotando en un mar de color rojo.

La tortuga también sintió el color rojo llenar su burbuja y fluir hacia dentro de su cuerpo entero mientras esta flotaba hacia arriba hacia la luz del sol.

El color naranja tocó el borde de la burbuja de la niña del mar y se vació adentro del espacio alrededor de ella. Ella imaginó que el color naranja fluía hacia su cola dejándola sentir feliz mientras se aliviaba de la tensión que había tenido. El color naranja se movió lentamente, calentando el estómago y pecho de la niña del mar.

El color naranja se vació hacia sus brazos... chorreando hacia las puntas de sus dedos. El color naranja exploró su cuello y cara y giró entorno a su cabeza dejando su mente tranquila y quieta.

Ella estaba flotando en un mar de color naranja.

La tortuga también sintió el color naranja feliz llenar su burbuja y fluir hacia dentro su cuerpo entero mientras se movía hacia arriba hacia la luz del sol.

El color amarillo tocó el borde de la burbuja de la niña del mar y se vació el espacio alrededor de ella. Ella imaginó que el color amarillo fluía hacia su cola dejándola sentir una iluminación interna. El color amarillo se movió lentamente, calentando el estómago y pecho de la niña del mar.

El color amarillo se vació hacia sus brazos... chorreando hacia las puntas de sus dedos. El color amarillo exploró su cuello y cara y giró entorno a su cabeza dejando su mente tranquila y quieta.

Ella estaba flotando en un mar de color amarillo.

La tortuga también sintió el color amarillo dorado llenar su burbuja y fluir
dentro de su cuerpo entero mientras se movía hacia arriba
hacia la luz del sol.

El color verde tocó el borde de la burbuja que pertenecía a la niña del mar y se vació hacia el espacio alrededor de ella. Ella imaginó que el color verde fluía hacia su cola dejándola sentir el amor. El color verde se movió lentamente, calentando el estómago y el pecho de la niña del mar.

El color verde se vació hacia sus brazos...chorreando hacia las puntas de sus dedos. El color verde exploró su cuello y cara y giró entorno a su cabeza, dejando su mente tranquila y quieta.

Ella estaba flotando en un mar de color verde.

La tortuga también sintió el color verde cariñoso llenar su burbuja y fluir hacia dentro de su cuerpo entero mientras se movía arriba cada vez más cerca a la luz del sol.

El color azul tocó el borde de la burbuja de a la niña del mar y se vació hacia
el espacio alrededor de ella. Ella imaginó que el color azul fluía hacia su cola
dejándola relajada y con la habilidad de ver las cosas de otra manera.
El color azul se movió lentamente, calentando el estómago y
el pecho de la niña del mar.

El color azul se vació hacia sus brazos...y chorreando hacia las puntas de sus dedos. El color azul exploró se cuello y cara y giró entorno a su cabeza, dejando su mente tranquila y quieta.

Ella estaba flotando en un mar de color azul.

La tortuga sintió el color azul calmante llenar su burbuja y fluir hacia
dentro su cuerpo entero mientras se movía hacia arriba,
cada vez más cerca a la luz del sol.

El color morado tocó el borde de la burbuja de la niña del mar y se vació adentro del espacio alrededor de ella. Ella imaginó que el color morado fluía hacia su cola dejándola sentirse pacífica y clara. El color morado se movió lentamente, calentando el estómago y el pecho de la niña del mar.

Se vació hacia sus brazos... y chorreando hacia las puntas de sus dedos.
El color morado exploró su cuello y cara y giró entorno a su cabeza
dejando su mente tranquila y quieta.

Ella estaba flotando en un mar de color morado.

La tortuga sintió el color morado pacífico llenar su burbuja y fluir adentro de su cuerpo entero. Los dos flotaron tan cerca de la luz del sol que los colores y emociones del arco iris se mezclaron con los rayos cálidos del sol.

En cuanto que los colores se mezclaron, se volvieron cada vez más blancos hasta que la niña del mar y la tortuga se encontraron abrazados por una manta pura de luz blanca. Las burbujas los tambaleaban hacia adelante y hacia atrás mientras disfrutaban de la iluminación blanca y tranquilizante. Juntos, el arco iris y los brazos cariñosos de sus burbujas ayudaron a las dos sentirse equilibrados y tranquilos.

¡Ambos supieron que habían conocido las
maravillas de los colores!

Coleccione la serie Sueños de Índigo y mire cómo toda la familia controla su ansiedad, estrés e ira…

Libros audios/CD:

Indigo Dreams

Indigo Ocean Dreams

Indigo Teen Dreams

Indigo Teen Dreams
2CD Set

Indigo Dreams:
Garden of Wellness

Indigo Dreams:
Adult Relaxation

Indigo Dreams:
3 CD Set

CDs de música:

Indigo Dreams:
Kids Relaxation Music

Indigo Dreams:
Teen Relaxation Music

Indigo Dreams:
Rainforest Relaxation

Libros en Inglés:

The Goodnight Caterpillar

A Boy and a Turtle

Bubble Riding

Angry Octopus

Sea Otter Cove

Affirmation Weaver

A Boy and a Bear

The Affirmation Web

Recursos:

Planes Individuales
de lecciones

Stress Free Kids plan
de estudios

Libros en Español:

Buenas Noches, Oruga

El Niño y la Tortuga

Montando Burbujas

El Pulpo Enojado

Caleta de la Nutria Marina

Tejedor de Afimaciones

Libros, CDs y planes de lecciones disponibles en www.StressFreeKids.com

www.ingramcontent.com/pod-product-compliance
Lightning Source LLC
LaVergne TN
LVHW072122070426
835511LV00002B/61